GÉNÉALOGIE

DE LA FAMILLE

DE LA TRÉMOILLE

ET DESCENDANCE D'ICELLE

DE QUELQUES FAMILLES POITEVINES.

Patrum non oblivisci, nec nimium meminisse.

TACITE.

POITIERS

DE L'IMPRIMERIE HENRI OUDIN,

RUE DE L'ÉPERON, 4

1868

GÉNÉALOGIE

DE

LA FAMILLE DE LA TRÉMOILLE.

GÉNÉALOGIE

DE LA FAMILLE

DE LA TRÉMOILLE

ET DESCENDANCE D'ICELLE

DE QUELQUES FAMILLES POITEVINES.

Patrum non oblivisci, nec nimium meminisse.

TACITE.

POITIERS

DE L'IMPRIMERIE HENRI OUDIN,

RUE DE L'ÉPERON, 4

1868

S'il ne faut jamais porter sur ses ancêtres un regard plein d'orgueil et de sotte vanité, il est assurément très-utile de ne point perdre de vue leurs vertus, leur amour de la religion et de la patrie, leur dévouement à leurs souverains légitimes, leur abnégation en face de l'intérêt public, pour s'en faire la règle de sa conduite personnelle dans tous les événements de la vie que l'on a à traverser.

C'était l'avis de Tacite, il y a bientôt 2,000 ans, et c'était aussi l'avis d'un des nôtres lorsqu'il a dit : *Noblesse oblige*, et il avait grandement raison, surtout dans un siècle d'indifférence et d'égoïsme, de défection et d'abaissement des caractères, dans un siècle où la foi religieuse et conséquemment la foi politique font défaut, où l'argent et les honneurs tiennent lieu de l'honneur antique. Mais l'homme honnête, mais le bon citoyen, dans un tel bouleversement des idées morales et sociales, se reporte avec ardeur vers le souvenir de ceux qui l'ont honorablement précédé dans la carrière de la vie, il comprend aisément que ce souvenir doit être la règle de sa conduite; il comprend que le bon, le juste, l'honnête est toujours le même, quel que soit le lieu et la date de l'époque ; il comprend que, si dans les choses humaines des progrès et des améliorations peuvent et doivent se produire tous les jours, il est aussi des principes et des vérités qui ne subissent jamais de modifications.

Parmi les anciennes familles françaises dont le souvenir peut offrir ces nobles traditions pendant une série de plusieurs siècles, la famille de la Trémoille brille assurément au premier rang. Sa fidélité à nos rois, son dévouement à la patrie, dont les preuves sont écrites en lettres de sang sur tant de champs de bataille, les charges les plus élevées remplies avec honneur, ses nombreuses alliances avec les familles royales ou princières de l'Europe la placent incontestablement à la tête des plus illustres familles de la France ; sa devise fut toujours : *Dieu et le roi,* et c'est assurément à son occasion qu'il sera permis à ceux qui sentent quelques gouttes de ce sang généreux couler dans leurs veines de répéter avec Tacite :

Patrùm non oblivisci.

Les plus anciens documents, relatifs à cette famille d'origine chevaleresque, remontent à *Pierre*, seigneur de la Trémoille, qui vivait l'an 1040. Il signa vers cette époque une Charte dans l'église de · Saint-Aubin d'Angers avec Guillaume, duc d'Aquitaine, Geoffroy son frère, etc., etc. On le croit père de :

AUDEBERT, seigneur de la Trémoille, Lussac-les-Églises, Villesalem, qui fut témoin d'une donation faite à l'abbaye de Vendôme par le duc d'Aquitaine, et Agnès de Bourgogne sa femme. Il donna à l'abbaye de Fontgombault la moitié de sa propriété de Villesalem. Il eut pour fils :

GUY DE LA TRÉMOILLE (1096), qui fit partie de la première croisade et rebâtit l'abbaye de Saint-Remy de Reims. Il confirma l'an 1140 divers dons faits à l'abbaye de l'Étoile par ses ancêtres. Il eut pour fils :

GUILLAUME, sire de la Trémoille, seigneur de Palanges, Maynac, Lussac-les-Églises. Il épousa Mélissende, dont il eut entre autres enfants :

GUILLEBAUD, seigneur de la Trémoille, Château-Guillaume, Lussac-les-Églises. Il fit don à la Maison-Dieu de Montmorillon, et eut guerre avec Bernard de Montmorillon (famille de Quatrebarbes de nos jours). Il eut pour fils :

AUDEBERT II, seigneur de la Trémoille et Château-Guillaume. Il donna à la Maison-Dieu de Montmorillon les terres de Deux-Tisons et d'Escurol. Il eut pour fils :

HUMBERT, seigneur de la Trémoille, Château-Guillaume, Pressac. Il donna à la Maison-Dieu de Montmorillon sa terre d'Abaron. Il épousa Mathilde, dont il eut :

AUDEBERT III, seigneur de la Trémoille, Lussac-les-Églises,

2

Château-Guillaume, sénéchal de la Marche en 1239. Il épousa Aliénor dont il eut :

Guy II, seigneur de la Trémoille, Château-Guillaume, Lussac-les-Églises. Il épousa Huguette, dont :

Guy III, seigneur de la Trémoille, Château-Guillaume, Lussac-les-Églises, Rochefort près le Blanc, etc., etc. Il existait en 1287 et en 1316.

Il laissa deux enfants qui suivent :

1o Guy IV, seigneur de la Trémoille, Vazois, Lussac-les-Eglises, Château - Guillaume, Vouhec, Pressac, Fontmorand et Lignac. Il épousa en 1315, Alix de Vouhec, dame de Vazois et de Fontmorand en la Marche. Il mourut en 1360. Il laissa de son mariage entre autres enfants :

Guy V, seigneur de la Trémoille, de Vazois, de Lussac-les-Eglises, fut grand-panetier de France. Il épousa Radégonde Guénaud, fille de Guillaume Guénaud, seigneur des Bordes et du Blanc.

Il eut pour fils :

Guy VI, seigneur de la Trémoille, Sully, Craon, Jouvelles, comte de Guignes, baron de Dracy, Ste-Hermine, Montigny, Château-Guillaume, Maillebrun, St-Loup, Beaumont-en-Vaux, etc., etc., conseiller et chambellan du roi, grand-chambellan de Bourgogne, garde de l'oriflamme de France. Il refusa l'épée de

2o Guillaume de la Trémoille, seigneur de Rochefort près le Blanc, qu eut pour fille :

Aglantine de la Trémoille qui épousa en 1350 Pierre d'Alloigny, chevalier, seigneur de la Millaudière, auquel elle porta la terre de Rochefort.

De ce mariage sont nés deux enfants qui suivent :

Guillaume d'Alloigny qui épousa Jacquette Courault vers 1390.
Dont :

Pierre d'Alloigny qui épousa Marguerite de Mondion en 1412.
Dont :

connétable, lors de la retraite d'Olivier de Clisson. Le roi lui-même le qualifia de vaillant chevalier en lui remettant l'oriflamme de France dans l'abbaye de St-Denis, au moment de marcher contre les Anglais en 1382. Il mourut à Rhodes en 1398 ; il avait épousé en 1382 Marie de Sully, baronne de Sully, Craon, Ste-Hermine, Luçon, veuve de Charles de Berry, comte de Montpensier, prince du sang, qui le rendit père de :

Georges de la Trémoille, seigneur de la Trémoille, comte de Guignes, de Boulogne, d'Auvergne, baron de Sully, Craon, Ste-Hermine, l'Isle-Bouchard, Gençay, Château-Guillaume, Amboise, etc., etc., lieutenant-général pour le roi en Bourgogne, grand-chambellan de France, premier ministre d'État et gouverneur du royaume. Il mourut le 6 mai 1446. Il avait épousé le 2 juillet 1425 Catherine de l'Isle-Bouchard dont il eut :

Guillaume d'Alloigny, seigneur de la Milliaudière, Rochefort, la Varenne, Pontigné, qui épousa le 28 décembre 1442, Marguerite de la Tousche, dame de la Varenne, fille de Pierre de la Tousche et de Margueguerite de Maussan.

Dont :

Galchaud d'Alloigny, grand-chambellan du roi Louis XI, maître d'hôtel des rois Louis XI et Charles VIII, gouverneur et premier sénéchal de Châtellerault, seigneur de la Groye, etc., etc. Il épousa le 9 décembre 1442 Marie de la Tousche d'Avrigny, fille de Guy II, baron de la Tousche d'Avrigny et d'Experte Frottier de la Messellière. De ce mariage sont issus : Jacques d'Alloigny, grand-panetier de France

Louis de la Trémoille, vicomte de Thouars et prince de Talmont, par son mariage qui eut lieu à Poitiers le 22 août 1446 avec Marguerite d'Amboise sœur puînée de Françoise d'Amboise, duchesse de Bretagne, récemment déclarée bienheureuse par N. S. P. le pape Pie IX. Il eut pour fils Louis II qui suit, et Jean, évêque de Poitiers et cardinal en 1505.

François d'Alloigny, seigneur de Rochefort, épousa le 20 octobre 1484, Catherine Guérin, fille de noble homme révérend Guérin et de Marguerite du Bouëx.

Dont :

et deux filles Antoinette et Gilette :

1o Antoinette d'Alloigny, épousa en 1465 Emery de Couhé de Lusignan, seigneur de la Guittière [1], maître d'hôtel de la reine, femme de Louis XI, dont une une fille qui suit :

2o Gilette d'Alloigny épousa Cristophe de la Tousche, seigneur de la Massardière, dont descend Georges de la Tousche, né le 8 avril 1849, aujourd'hui existant :

Louis II de la Trémoille, vicomte de Thouars, prince de Talmont, premier chambellan du roi, lieutenant-général pour le

René d'Alloigny, seigneur de Rochefort, qui épousa en 1523 Gabrielle

N. de Couhé de Lusignan épousa Silvain de Bizeau et lui

---

1. D'Emery de Couhé de Lusignan seigneur de la Guittière descendent les branches de cette famille qui ont possédé la Roche-à-Gué, Touvent et Foix. De cette dernière branche sont issus par leur mère : Marie-Louise de Lusignan, MM. Frédéric du Pin de la Guérivière, né le 22 juillet 1788, Adolphe du Pin de la Guérivière, né le 22 août 1789 et Ernest du Pin de la Guérivière né le 6 septembre 1805.

Cette famille, d'origine chevaleresque, est originaire de Normandie avant l'an 1100, et elle y tenait parmi la noblesse un rang distingué dès le temps de la conquête de l'Angleterre par le duc Guillaume.

roi en Bourgogne au duché de Milan, en Bretagne, Normandie, Poitou, Saintonge, Angoumois, Aunis, Anjou, général en chef des armées françaises en France et en Italie, nommé par ses contemporains, *le chevalier sans reproche*. La régente Anne de Beaujeu le fit marier avec sa nièce, Gabrielle de Bourbon-Montpensier. Il battit à St-Aubin-du-Cormier et fit prisonnier le duc d'Orléans qui fut depuis Louis XII et le duc de Bretagne révoltés contre la régente. Il décida de la victoire à la bataille de Fornoüe; il fit la conquête du Milanais, se signala aux batailles d'Agnadel et de Marignan et fut tué à la bataille de Pavie le 24 février 1525.

Il eut pour fils de Gabrielle de Bourbon :

Charles de la Trémoille, prince de Talmont, etc., etc., filleul de Charles VIII, fut tué à Marignan à l'âge de 29 ans, le 13 septembre 1515. Il avait épousé le 7 février 1501 Louise de Coëtiny, fille de Charles, comte de Taillebourg et de Jeanne d'Orléans-Angoulême, tante paternelle du roi François Ier.

Il eut de ce mariage François qui suit :

François de la Trémoille, vicomte de Thouars, prince de Talmont, etc., etc., épousa le 25 février 1521 Anne de Laval, fille de Guy XVI, comte de La-

de la Trémoille, fille de Philippe de la Trémoille et de Marguerite de Salignac.

Dont :

Pierre d'Alloigny, seigneur de Rochefort, qui épousa en 1548 Marguerite de Salignac fille de Jean de Salignac, écuyer seigneur de la Roche-Bellusson.

De ce mariage est issu :

Guy d'Alloigny, seigneur de Boismorand qui épousa Renée de la Pouge.

Dont :

porta la terre de la Guittière en 1485.

Dont :

André de Bizeau, écuyer seigneur de la Guittière en 1521.

Qui eut pour fils :

Antoine de Bizeau, escuyer seigneur de la Guittière en 1549.

val et de Charlotte d'Aragon princesse de Tarente et fille de Frédéric, prince d'Altamire roi de Naples détrôné en 1501. François fut chargé par le roi François Ier de recevoir à Poitiers l'empereur Charles-Quint en 1529.

Il laissa de son mariage entre autres enfants Louis qui suit :

Louis de la Trémoille, duc de Thouars, prince de Talmont, etc., épousa, le 29 juin 1559, Jeanne de Montmorency, dame d'honneur de la reine Élisabeth d'Autriche et fille d'Anne de Montmorency, grand-maître et connétable de France et de Madeleine de Savoye. De ce mariage sont issus : 1o Claude qui suit ; 2o Charlotte - Catherine de la Trémoille qui épousa Henry de Bourbon, prince de Condé.

Claude de la Trémoille, duc de Thouars, prince de Talmont, fut un des meilleurs soutiens d'Henri IV. Conjointement avec le prince de Conty, il s'empara des villes du Blanc, Saint-Savin, Chauvigny et autres places. Il défit les ligueurs près de Montmorillon. Il avait épousé le 14 février 1598 Charlotte de Barbantine de Nassau, princesse d'Orange, fille de Guillaume II, prince d'Orange, et de Charlotte de Bourbon, dont Henri qui suit :

René d'Alloigny, seigneur de Boismorand, qui épousa N. Poirier.
Dont :

Guy d'Alloigny, seigneur de Boismorand, qui épousa en 1695 Catherine de Brettes dont une fille, Marie qui suit :

Il eut pour fils :

François de Bizeau, écuyer seigneur de la Guittière qui eut pour fille unique Renée qui suit :

Renée de Bizeau, épousa Pierre de la Tousche, escuyer seigneur *de la Tousche en la paroisse d'Avrigny*, ainsi que le prouve un titre authentique en date du 26 décembre 1571 et plusieurs autres postérieurs. De ce mariage est issu ·

Henri de la Trémoille, duc de Thouars, prince de Talmont, comte de Laval, épousa le 19 janvier 1619 Marie de la Tour, fille de Henri, duc de Bouillon, prince de Sédan, vicomte de Turenne, et d'Élisabeth de Nassau.

C'est elle qui fit bâtir le magnifique château de Thouars qui coûta 1,220,000 livres de ce temps-là.

Henri-Charles de la Trémoille, prince de Tarente, épousa le 1er mai 1648 Émélie de Hesse fille de Guillaume Landgrave de Hesse-Cassel et d'Émélie-Élisabeth de Hanaw Muntzemberg.

Dont :

Charles-Belgique-Hollande de la Trémoille, duc de Thouars, pair de France, premier gentilhomme de la chambre du roi, né en 1655, épousa Madeleine de Créqui.

Charles-Louis-Bretagne de la Trémoille, duc de la Trémoille et de Thouars, premier gentilhomme de la Chambre du roi, né en 1682, épousa Marie-Ma-

Marie d'Alloigny épousa François Scourions, écuyer seigneur de Bégaudelle en Picardie.

De ce mariage sont issus deux enfants qui suivent :

1º Jean-Marie Scourions, seigneur d'Antigny, qui épousa Marie d'Argier [1].

Dont :

Louis Scourions, seigneur de Boismorand, qui épousa Geneviève Girard de Pindray.

Dont :

1º Victor Scourions de Boismorand, né le 24 février 1798.

2º Catherine Scourions, qui épousa le 15 février 1722, Louis baron de la Châtre, né en 1698.

Dont :

Louis - Jacques de la Châtre, né en 1726, épousa en 1761 Élisabeth de Fougières du Breuil.

Dont :

Louis III, baron de la Châtre, né en 1764 le 1er avril. Il épou-

Henri de la Touche, écuyer seigneur de la Guittière, gouverneur du château de Vincennes, maître d'hôtel de la duchesse d'Angoulême en 1640, il épousa Marie de Beauvollier le 22 septembre 1598 ; il eut pour fils.

Pierre de la Touche, écuyer seigneur de Saint-Ustre, qui épousa Jeanne Forateau du Bois-Audet, le 29 avril 1629.

Dont :

Charles de la Touche, écuyer seigneur de Saint-Ustre, qui épousa Marie Testu de la Roche, le 20 juillet 1676.

Dont :

Pierre de la Touche, seigneur de Saint-Ustre, épousa en 1697, Jacqueline

1. De Jean Scourions seigneur d'Antigny et de Marie d'Argier descendent les familles de Lanet et Decollard de Saint-Savin.

deleine de la Fayette, fille de René Armand, marquis de la Fayette, et de Marie-Madeleine de Marillac.

Dont :

Charles-Armand-René, duc de la Trémoille et de Thouars, prince de Tarente, membre de l'Académie française. Il avait épousé le 25 janvier 1725 Marie-Hortense-Victoire de la Tour, fille d'Emmanuel-Théodore, duc de Bouillon et de Marie-Anne-Victoire de la Trémoille. Il mourut le 24 mai 1741.

Il eut pour fils :

2° Victorine Scourions de Boismorand, née le 17 octobre 1791, épousa Jean-Baptiste, vicomte de Verrines, le 4 décembre 1825.

De ce mariage est issue: Nathalie de Verrines, née le 4 avril 1827, qui épousa le 7 octobre 1845 Jules Pastoureau, baron du Puynode.

De ce mariage sont issus :

1° Victor-Alexandre-Louis - Henri Pastoureau du Puynode, né le 21 juillet 1846.

2° Victoire-Philippine-Marie Pastoureau du Puynode, née le 10 avril 1848.

3° Charles-Marie - Fernand Pastoureau du Puy-

sa Anne de Mauvise.

Dont sont issus :

1° Marcellin baron de la Châtre, né le 13 avril 1802, épousa Louise-Ernestine de Collard dont Louise Rosalie-Ismalie, qui a épousé Alfred de Boislimard dont une fille Camille ;

2° Louise-Caroline, née le 24 juin 1798, mariée le 22 avril 1824 à Pierre-Philippe Bonamy de la Princerie, dont Oscar-Philippe ;

3° Blanche de la Châtre, née le 2 février 1807, qui a épousé Guil-

le Coq de Saint-Vertunien.

Dont :

Jean-Pascal de la Tousche, seigneur de St-Ustre et de la Guittière, gouverneur de château, trompette de Bordeaux, retraité colonel d'artillerie, chevalier de Saint-Louis, qui épousa, le 2 avril 1735, Marie-Renée Bouthet du Rivault.

Dont :

1° Jean-Louis de la Tousche, chevalier de St-Louis, qui a épousé Charlotte-Thérèse-Françoise de la Groye, fille de Jean-Louis, marquis de la Groye, dont Marie-Louise de la Tousche qui a épousé Gabriel

node, né le 18 juin 1850.

4° Eugénie-Mathilde - Radégonde - Juliette Pastoureau du Puynode, née le 25 octobre 1855.

laume - François, comte de l'Aâge de la Bretollière [1], maréchal de camp, chevalier de Saint-Louis, dont Henri, comte de l'Aâge, qui a épousé en 1854, demoiselle Marie d'Arsigny.

Levieil de la Marsonnière, dont Achille Levieil de la Marsonnière.

Jean-Bretagne-Charles Godefroy, duc de la Trémoille et de Thouars, qui épousa, le 12 juin 1763, Marie-Sophie, princesse de Salm-Kirbourg, fille de Philippe-Joseph, prince de Salm-Kirbourg, et de Marie-Thérèse-Joseph princesse de Hornes.

Dont :

ARMOIRIES :

La famille du Puynode porte d'azur au chevron d'argent chargé de 7 aiglettes de sable accompagné d'une gerbe d'or en pointe.

ARMOIRIES :

La famille de la Châtre porte de gueules à la croix ancrée de vair, pour cri de guerre : *A l'attrait des bons chevaliers*.

La famille de l'Aâge de la Bretollière porte d'azur à la fasce d'or accompagnée de trois croissants d'argent posés 2, 1.

2° Bernard-Donatien de la Tousche, seigneur de la Guittière, chevalier de St-Louis, officier porte-drapeau au régiment royal-infanterie, épousa Henriette de Malicornay le 19 décembre 1774.

Dont :

---

1. Guillaume-François était le petit-fils de Guillaume de l'Aâge qui avait épousé en 1695 Françoise-Élisabeth de Beauveau. La famille de Beauveau est alliée à la maison royale des Bourbons de France par le mariage de Jean II de Bourbon, avec Isabeau de Beauveau qui eut lieu le 9 novembre 1454.

Cette attestation, qui figure dans les archives de la famille, porte entre autres signatures celles du duc de Harcourt et du maréchal de Broglie.

La famille de l'Aàge de la Bretollière de noblesse d'épée est assurément une des plus anciennes duPoitou. Elle s'y trouve établie vers l'an 1120.

Charles-Bretagne Marie, né le 24 mai 1764. Il émigra étant colonel en 1791. Il épousa en troisième noces, le 14 septembre 1830, Valentine-Eugénie-Joséphine de Walsh-Serrent, dont est né le 26 octobre 1838 :

Eugène-Amédé de la Tousche, né le 7 décembre 1780, qui épousa, le 16 mai 1809, Céleste - Désirée Montois, fille de Jean, conseiller au présidial et de Louise Venault, fille de Messire Joseph - Marie - Charles Venault, écuyer seigneur de Bourleuf, conseiller du roi, etc., etc.

Dont deux fils :

Charles-Louis, duc de la Trémoille, prince de Tarente, qui a épousé mademoiselle N. du Châtel, fille du comte du Châtel, ancien ministre de l'Intérieur, dont un fils.

La famille de la Trémoille porte d'or au chevron de gueules, accompagné de trois aiglettes d'azur becquées et mem-

1° Donatien de la Tousche, né le 19 novembre 1810, a épousé le 22 décembre 1840 Marie - Ernestine de Sevin, fille de Pierre - François de Sevin, chevalier de St-Louis et de Françoise

brées de gueules 2, 1. Sainte-Marthe.

de la Haye.

De ce mariage sont issus :

Ludovic, né le 10 mai 1849.

Sara, née le 24 mars 1843.

Hortense, née le 19 octobre 1845.

Edwige, née le 24 février 1848.

2º Charles de la Tousche, né le 19 janvier 1824, décédé le 1er octobre 1865. Il épousa le 16 décembre 1850 Marie de la Loge de St-Brisson, fille de Charles et de Clémence de la Chesnaye et petite-fille d'Henriette de Bruce, dont la famille forme une branche de celle de Bruce qui a fourni deux rois à l'Ecosse : Robert Bruce mort en 1329 et David Bruce son fils mort en 1371, ainsi que le prouvent les lettres patentes données par Charles Ier, roi d'Angleterre, le 13 juillet 1633, et dont l'original est conservé dans les archives de la maison de Bruce en Champagne.

De ce mariage sont nés :

Olivier, le 10 février 1852.

Roger, le 16 novembre 1857.

Yvonne, le 8 mars 1854.

ARMOIRIES :

La famille de la Tousche porte d'or au lion de sable, armé, couronné et lampassé de gueules.

Pour devise : *Deo juvante.*

La famille de Sevin porte d'azur à la gerbe d'or.

La famille de la Loge de Saint-Brisson porte d'azur à la croix d'or cantonné de quatre losanges du même avec un chef cousu d'azur chargé d'un lion d'argent passant, lampassé et armé de gueules.

NOTES

SUR LA FAMILLE DE LA CHATRE

ET QUELQUES-UNES DE SES ALLIANCES.

———○———

La famille de la Châtre a pour auteur Laune, prince de Déols, en 890.

Le pape Grégoire VII écrivit en 1078 à Elbes de la Châtre, comme étant un des premiers barons du Berry.

ÉMERY DE LA CHATRE fut créé cardinal par le pape Calixte II, vers 1120.

PIERRE DE LA CHATRE fut nommé archevêque de Bourges, en 1140.

PHILIPPE DE LA CHATRE était grand-fauconnier de France en 1450.

JEAN DE LA CHATRE était échanson du roi en 1496.

JEAN DE LA CHATRE épousa Françoise de Menou vers 1570.

RENÉ DE LA CHATRE épousa en 1659 Pierre de Chamborant.

FRANÇOISE DE LA CHATRE épousa Henri de la Grange, marquis d'Arquien, qui étant veuf embrassa l'état ecclésiastique et fut nommé cardinal.

De son mariage est issue Marie-Casimire de la Grange, épouse de Jean Sobieski, élu roi de Pologne le 20 mai 1674.

GABRIEL DE LA CHATRE fut maître des cérémonies, chambellan et maître d'hôtel du roi. Il mourut en 1538.

JOACHIM DE LA CHATRE épousa Françoise Foucher-Ste-Flaive, en 1535.

CLAUDE DE LA CHATRE fut créé maréchal de France sous Henri IV. Il épousa en 1564 Jeanne de Chabot de Jarnac.

LOUIS DE LA CHATRE, son fils, fut créé maréchal de France en 1616.

LOUISE-ANTOINETTE-THÉRÈSE DE LA CHATRE épousa le 8 mars 1693 Louis de Crévant, duc d'Humières, maréchal de France.

LOUISE-ÉLISABETH DE LA CHATRE, épousa le 25 novembre 1743, Michel de Dreux, marquis de Brezé, lieutenant-général des armées du roi, grand-maître des cérémonies de France.

CHARLES-LOUIS, marquis DE LA CHATRE, était lieutenant-général des armées du roi en 1762.

MARGUERITE DE LA CHATRE, fille de Claude et de Jeanne de Chabot, épousa Henri de Saint-Nectaire, ministre d'État et ambassadeur en Angleterre.

LOUISE DE LA CHATRE, fille de Louis de la Châtre, épousa le 26 avril 1622 François de Valois-Angoulême, et en seconde noce, François de Crussol, duc d'Usès, premier pair de France.

MADELEINE DE LA CHATRE épousa Charles de Châtillon-Argenton, des ducs de Châtillon-sur-Marne.

NOTES

SUR LA FAMILLE DE LA TOUSCHE

ET QUELQUES-UNES DE SES ALLIANCES.

L'an 1088, Jean de la Tousche, d'origine chevaleresque, figure avec Payen des Vaüx et Pétronille de Monthoiron sa mère, ainsi que Belet de Clairvaux dans un désistement de leurs droits sur la terre de Bellefonds.

Dom FONTENEAU, qui fait mention de ce désistement, ajoute :

« Il y a apparence que les seigneurs qui souscrivent dans ce « titre étaient de la famille d'Airaud de Monthoiron. »

(*Manuscrits de* Dom FONTENEAU, tome VII, page 201, Bibliothèque de Poitiers.)

Les Airaud de Monthoiron étoient de la famille d'Airaud, vicomte de Châtellerault et par conséquent formoient avec eux une branche cadette des ducs d'Aquitaine.

(*Histoire du Châtelleraudais*, par l'abbé LALANNE, tome I, page 421.)

Vers 1112, Pétronille de Monthoiron, Payen des Vaux son fils, Belet de Clairvaux, *Jean de la Tousche*, Théobaud de Forestier donnèrent à Robert d'Arbriselle la terre de la Puye pour y fonder une communauté de son ordre, aujourd'hui remplacée par celle des Filles de la Croix.

A propos de cette donation et du désistement en date de l'an 1088, Dom Fonteneau mentionne les armoiries de Jean de la Tousche qui sont exactement les mêmes que la famille de la Tousche porte aujourd'hui.

Guy de la Tousche d'Avrigny, *l'un des anciens barons du Poitou*, épousa Jeanne Frétard veuve de Guy Odart, et fille de Robert

Frétard, chevalier seigneur de Soultonne, chambellan du roi Philippe de Valois vers la fin du XIVe siècle.

(Ainsi qualifié par SAINT-ALAIS, tome XI, page 266.)

Marie de la Tousche, fille de Guy II, baron de la Tousche et d'Experte Frottier, fille de Jean baron de Preuilly et de la Messellière, épousa le 9 décembre 1442 Galchaud d'Aloigny, grand-chambellan du roi Louis XI et maître d'hôtel des rois Louis XI et Charles VIII. De ce mariage sont issus : 1º Jacques d'Aloigny, grand-panetier de France ; 2º Antoinette d'Aloigny qui épousa Émery de Couhé de Lusignan, d'origine chevaleresque, seigneur de la Guittière, maître d'hôtel de la reine, femme de Louis XI ; 3º Gilette d'Aloigny, qui épousa le 23 octobre 1464 Cristophe de la Tousche, seigneur de la Massardière son cousin, et enfin Marguerite d'Aloigny qui épousa le 20 janvier 1476 Antoine Gueffaut, seigneur d'Argenson.

(SAINT-ALAIS, tome XI.)

Marguerite de la Tousche, cousine germaine de Marie, citée plus haut, épousa le 28 décembre 1442, Guillaume d'Aloigny, seigneur de Rochefort près le Blanc, et dont est descendu Henri d'Aloigny, marquis de Rochefort, maréchal de France sous Louis XIV.

(*Dictionnaire des familles du Poitou*, tome I, p. 40, 42.)

Charles de la Tousche épousa Marguerite de Mauléon, fille de Renault de Mauléon, seigneur de Touffou, vers 1450.

(ANDRÉ DUCHÊNE, *Généalogie de la maison de Châteigner*, page 240.)

Marie de la Tousche épousa en 1460 François-Mandé du Plessis de Richelieu.

(*Dictionnaire des familles du Poitou*, tome II, page 734.)

Françoise de la Tousche épousa Louis de Marconnay. Elle étoit morte le 28 juillet 1450.

(*Dictionnaire des familles du Poitou*, tome II, page 737.)

Mathurin de la Tousche, baron de la Faye, fut chambellan du roi en 1466.

(*Id.*, tome II, page 736.)

Marguerite de la Tousche, fille de Jean, baron de la Tousche d'Avrigny et de Jeanne de Salignac, épousa Regnault de Moussy, vice-amiral de Guyenne vers l'an 1500.

(Id., tome II, pages 432, 433.)

Louise de la Tousche, fille de Pierre, baron de la Tousche d'Avrigny, épousa en 1509 Jean de Châtillon, des ducs de Châtillon-sur-Marne.

(Mémoire sur l'identité des famille des Châtillon, de Blois et de Marconnay, par M. DE SAINT-PONS, page 69.)

Pierre de la Tousche, seigneur de la Ravardière, fut ambassadeur du roi François Ier auprès du pape Paul V, en 1520.

Il fonda l'église de Berthegon près Loudun, et y fut enterré l'an 1526.

(Archives de la famille.)

Jeanne de la Tousche épousa, le 8 décembre 1539, René de la Poëze, escuyer seigneur de la Jonchère.

(Dictionnaire des familles du Poitou, tome II, page 733).

Charles de la Tousche épousa Françoise de Nuchèze le 27 décembre 1525.

(Id., tome II, page 737.)

Avoye de la Tousche épousa François d'Allemagne, escuyer seigneur de Nalliers et de Lauthiers en 1578.

(Dictionnaire des familles du Poitou, tome II, page 734).

Jacquette de la Tousche épousa en 1540 Julien de Talleyrand, prince de Chalais, vicomte de Fronsac et seigneur de Grignols.

(SAINT-ALAIS, tome XI, page 266.)

Jeanne de la Tousche, fille de Jacques de la Tousche et de Marie de Mauclerc, épousa Joachim Fouché, écuyer seigneur du Gué-Sainte-Flaive vers 1580. Cette famille, qui figure très-honorablement dans notre pays dès l'an 949, est assurément une des plus anciennes et des plus illustres du Poitou.

(Familles du Poitou, tome II, page 446.)

Antoine de la Tousche épousa, le 4 avril 1556, Anne de Goulard.

(Familles du Poitou, page 739.)

Daniel de la Tousche, seigneur de la Ravardière, figure parmi les hardis navigateurs du commencement du xviiᵉ siècle. Il fut nommé lieutenant-général pour le roi Louis XIII dans l'île de Maragnan.

(*Id.*, tome ii, page 736.)

(Voir l'*Histoire de la mission des PP. Capucins*, par Claude d'Abbeville, 1614.)

(Voir encore l'Histoire de Daniel de la Tousche dans l'ouvrage intitulé : *Les navigateurs français*, par Léon Guérin, auteur de l'*Histoire des marins illustres de la France*, 1847.)

Lancelot de la Tousche épousa Charlotte de Maillé vers 1450.

(*Dictionnaire des familles du Poitou*, tome ii, page 737.)

Jeanne de la Tousche épousa Simon de Vaucelles, le 6 mai 1455.

Une autre Jeanne de la Tousche épousa, en 1520, Mathurin de Vaucelles.

(*Familles du Poitou*, tome ii, page 778.)

Marie de la Tousche épousa Guy Desmiers, escuyer vers 1528.

(*Id.*, tome ii, page 733.)

D'Éléonore Desmiers, née en 1638, descendent le roi de Prusse, Frédéric-Guillaume, et la reine d'Angleterre Victoria, actuellement régnants.

(*Id.*, tome ii, page 24.)

Jean de la Tousche épousa Charlotte de Salignac, des marquis de Fénelon.

Claudine de la Tousche épousa Hardouin de Lestang, seigneur du Breuil et du Bois-Gillet, en 1588.

(*Id.*, tome ii, page 734.)

Pierre de la Tousche épousa en 1450 Catherine de Marconnay.

(*Mémoire* de M. de Saint-Pons, p. 69.)

Anne de la Tousche, dame de Fontordine, épousa Jean d'Aiguillon, seigneur de la Juliennaye, vers la fin du xviᵉ siècle.

(*Dictionnaire des familles du Poitou*, tome ii, page 734.)

François de la Tousche était protonotaire du Saint-Siége au commencement du XVIᵉ siècle.

(*Familles du Poitou*, t. II, p. 738.)

Alain de la Tousche épousa, le 8 mai 1525, Marguerite de Cossé.

(*Id.*, tome II, page 739.)

Robert de la Tousche épousa Marie de Baignac.

(*Id.*, tome II, p. 740.)

François de la Tousche épousa Anne de Cognac au commencement du XVIIᵉ siècle.

(*Id.*, tome II, p. 740.)

Nicolas de la Tousche épousa N. de Ventadour vers la fin du XVII siècle.

(*Id.*, tome II, page 739.)

Geneviève de la Tousche épousa Charles de Montalembert vers 1560.

(*Id.*, tome II, page 397.)

Antoinette de la Tousche, fille de Henri de la Tousche, seigneur de la Guittière, maître d'hôtel de la duchesse d'Angoulême et gouverneur du château de Vincennes, épousa Pierre de Gréaulme vers 1610.

(*Archives de la famille.*)

La famille de la Tousche a aussi contracté des alliances avec les familles de Sainte-Maure et de Beaumont.

(*Archives de la famille.*)

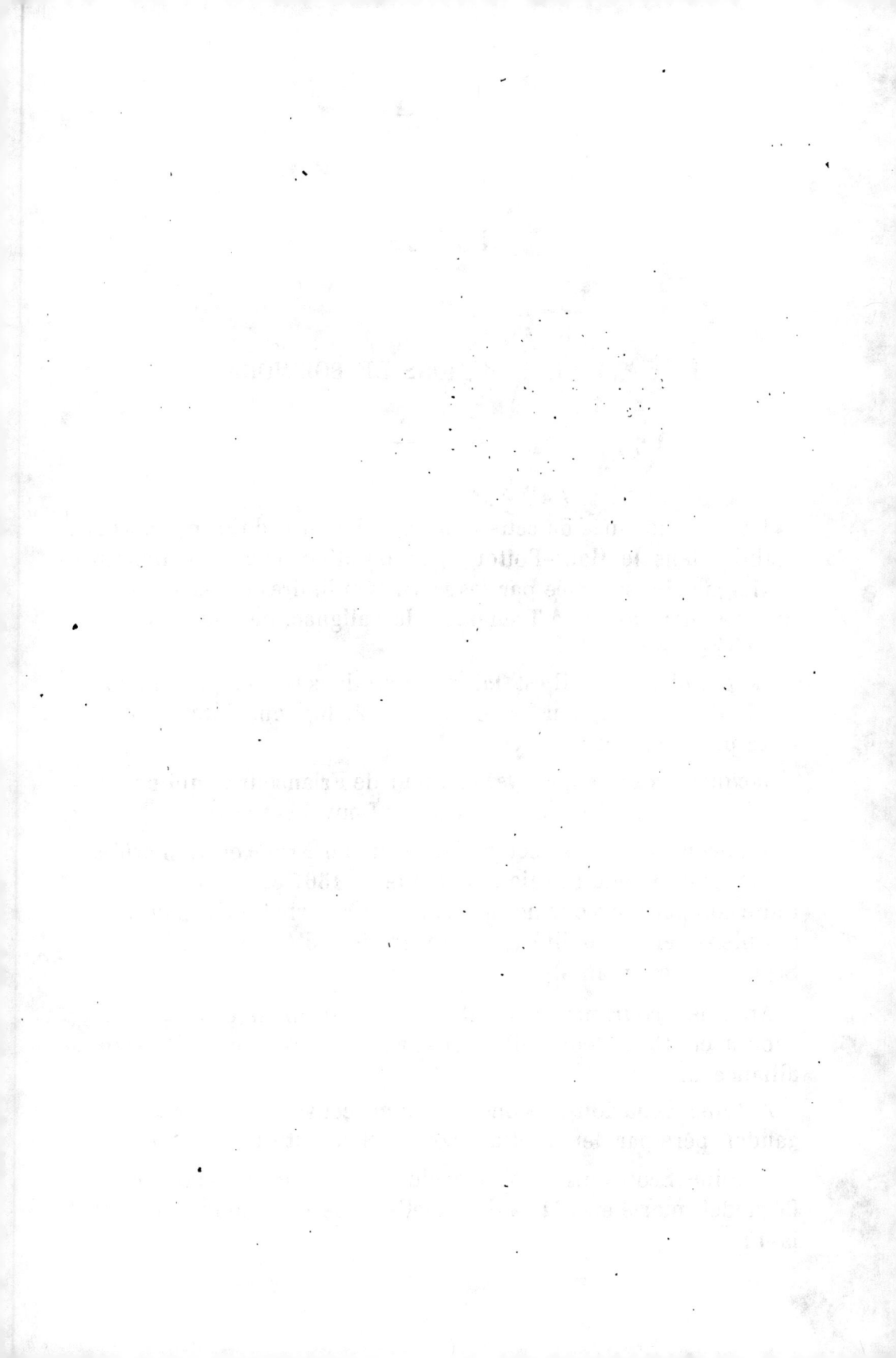

NOTES

LA FAMILLE SCOURIONS DE BOISMORAND.

La branche aînée de cette famille, originaire de Picardie, s'est établie dans le Haut-Poitou, par son alliance avec la maison d'Aloigny si distinguée par ses services militaires et ses alliances avec les maisons de la Trémoille, de Salignac, de Laval et de la Rochefoucault.

Le premier dont il est fait mention dans le recueil de la noblesse de Picardie, par les ordres de M. Bignon, intendant de cette province, fut :

Jacques Scourions, écuyer seigneur de Friancourt, qui de son mariage contracté en 1520 avec Marie Louvel eut :

François Scourions, écuyer seigneur de Friancourt, marié à demoiselle Hélène Lequiou, laquelle en 1567 et pendant sa viduité comparut avec la noblesse au procès-verbal de la Coutume d'Amiens, en sa qualité de mère tutrice d'Antoine et Jacques Scourions ses enfants.

Antoine Scourions, leur fils, écuyer seigneur de Bégaudel, épousa en 1571 demoiselle Adrienne de Lovoncourt. De cette alliance naquit :

Antoine Scourions, second du nom, écuyer seigneur de Bégaudel, père par demoiselle Éléonore Baudout sa femme de :

Antoine Scourions, troisième du nom, écuyer seigneur de Bégaudel, marié en 1627 à demoiselle Anne Le Vaillant dont est issu :

Antoine Scourions, quatrième du nom, écuyer seigneur de Bégaudel, marié en 1657 à demoiselle Charlotte de Parviller, qui fut père de :

1º François Scourions, chevalier seigneur de Bégaudel, capitaine au régiment de Ponthieu, marié en 1697 avec demoiselle Marie d'Aloigny, dame de la seigneurie de Boismorand, fille unique de Guy d'Aloigny, chevalier seigneur de Boismorand, et de dame Catherine de Bret.

Cette demoiselle Marie d'Aloigny était parente au troisième degré de Henri d'Aloigny, marquis de Rochefort, maréchal de France sous Louis XIV, et petite-nièce de Guy d'Aloigny, commandeur de Malte, grand'croix et bailly de la Morée.

2º Nicolas Scourions, aussi capitaine au régiment de Ponthieu, mort sans postérité.

Du mariage de François Scourions, seigneur de Bégaudel, et de dame d'Aloigny, sont issus :

1º François Scourions de Boismorand, ancien capitaine au régiment de Normandie, mort en 1759, sans avoir été marié;

2º Antoine Scourions, nommé le chevalier de Boismorand, capitaine de grenadiers au régiment de Normandie et chevalier de Saint-Louis, mort sans avoir été marié;

3º François Scourions, capitaine au régiment de Conty, tué à la bataille de Coni en Italie sans postérité;

4º Jean-Marie Scourions de Boismorand, appelé M. d'Antigny capitaine au régiment de Normandie, chevalier de Saint-Louis, qui suit;

5º Nicolas Scourions, appelé l'abbé de Boismorand, prévôt du chapitre de Saintes et grand-vicaire de ce diocèse.

6º Demoiselle Thérèse Scourions appelée mademoiselle de Boismorand.

7º Demoiselle Catherine Scourions, mariée à Louis-Jacques de la Châtre, chevalier seigneur de la Rochebellusson, une des plus anciennes et des plus illustres familles du Berry, qui a fourni à l'État deux maréchaux de France, quatre capitaines des gardes du roi , un cardinal et des prélats à l'Église.

8° N. Scourions d'Antigny, religieuse à l'abbaye de Ste-Croix, à Poitiers.

Jean-Marie d'Antigny a eu de son mariage avec Marie d'Argier :

François Scourions ;

Louis Scourions ;

Autre François Scourions ;

Cinq filles : Marie, Marie-Antoinette, Thérèse , autre Marie et Marguerite.

Il y a une autre branche de Scourions de la Houssaye, en Picardie.

La famille de Scourions porte pour armes d'azur à trois gerbes d'or.

www.ingramcontent.com/pod-product-compliance
Lightning Source LLC
Chambersburg PA
CBHW060755280326
41934CB00010B/2500